超高齢社会・認知症について知る本

監修　長田乾

①

JN029682

超高齢社会（ちょうこうれいしゃかい）
って何?

もくじ
contents

はじめに

　現在、日本や世界の多くの国で、高齢化が進んでいます。人類の歴史上、高齢者の割合がこんなに高い社会はなかったので、これまでにはなかった問題や課題が出てきています。

　本書では、小中学生のみなさんに楽しみながら学んでいただけるように、マンガとクイズをとおして超高齢社会と認知症について解説しています。

　第1巻では、超高齢社会と高齢者の体や暮らしについて学びます。昔は、多くの小中学生が祖父母といっしょに暮らしていましたが、今では離れて暮らしていることが多く、祖父母やほかの高齢者と接する機会は、どんどん少なくなっています。

　みなさんは自分が高齢者になることなど想像できないかもしれません。しかし、誰もが等しく時間を重ね、いつかは高齢期を迎えます。今の高齢者もみなさんと同じように子ども時代を過ごし、そのあと仕事や子育てに励み、さまざまな時間を過ごしながらその年齢を迎えているのです。それぞれの人生で過ごしてきた時間を想像しながら、思いやりや尊敬の気持ちをもって、高齢者に接してもらえるとたいへんうれしく思います。

横浜総合病院
横浜市認知症疾患医療センター　センター長　　**長田 乾**

はじめまして！
今日隣に引っ越してきた
村井です

村井ケンタ

何年生？

２年生！

あら
はじめまして

お隣の
森さん

中学１年です

103 村井

森さん おしゃれで 若々しい方 だったね

一人暮らし なのかな

ねーっ 公園に 行ってきて いい?

ケンタ リナを公園に 連れてってくれる?

ついでに帰りに お使いもよろしく!

えーっ

おっ 空いてる…けど

誰も 遊んでないな

あそこ人がたくさんいるよ

わい わい

あれ？

おじいちゃんおばあちゃんばっかり…

いっぱい遊べてよかったな

MARKET

公園に子どもが
いなかったから
すねてるのか？

順番待ちも
なかったし

…

学校行きゃ
友だち
すぐできるよ

あれ？

ケンタくん

お隣の
森さん！

数日後

おかえりなさい
今日もいい
天気ねぇ

こんにちは

ただいまーっ

あっ
お花キレーっ

そう週4日
あのスーパーで
働いてるの

びっくり
しました

えっ
どうして？

だって…

僕のおじいちゃん
おばあちゃんと
全然ちがって…

おばあちゃんは
あまり外にも
出ないらしくて

どちらに
暮らしてるの？

そうなの！
それは
喜んでくれるね！

隣の市です

引っ越して
距離が近く
なりました

私はよく
元気で楽しそうって
言われるの

実際楽しいのよ
趣味の園芸に
仕事もできて

でもやっぱり
不安にもなるの
物忘れは増えるし

病院では
大丈夫だって
言われたけどね

ケンタくんと
リナちゃんが

お隣に
越してきてくれて
うれしいわ

13

1 超高齢社会って何？

日本は、2007年に高齢者の割合が21％を超え、
超高齢社会に突入しました。

　私たちの国がかかえる問題の一つに少子高齢化があります。少子高齢化とは、子どもの数が減り（少子化）、人口に占める高齢者の割合が高くなる（高齢化）ことです。

　総人口に占める65歳以上の人の割合（高齢化率）が7％を超えると高齢化社会、14％を超えると高齢社会、そして21％を超えると超高齢社会と呼ばれます。

　日本は2007年に高齢化率が21％を超え、超高齢社会になりました。さらに2022年には高齢化率が29.1％にまで達していて、世界で最も高齢化率の高い国となっています。

日本は、おじいちゃん、おばあちゃんが
いっぱいいるんだね。

Q1

日本で高齢化が進んでいるのはなぜ？
一つ選ぼう。

ア 生まれてくる子どもが減って、
長生きする人が増えたから。

イ 日本を離れて外国で生活する若者が増えたから。

ウ 人類が滅亡に向かっているから。

高齢化が進むと、
いったいどんな問題が出てくるのかな？

ア　生まれてくる子どもが減って、長生きする人が増えたから。

日本では、医療の発達や食生活の改善により長生きする人が増えたことで、高齢者が多くなっています。2021 年の日本人の平均寿命は男性が 81.47 歳、女性が 87.57 歳で、日本は世界の中でも子どものうちに亡くなる人が少なく、長生きする人が多い国です。

いっぽう、生まれてくる子どもの数は減り続けています。合計特殊出生率（一人の女性が一生の間に産む子どもの数の平均値）は、1950 年には 3.65 人でしたが、2021 年には 1.30 人になっています。

2005 年からは、生まれてくる子どもの数（出生数）よりも亡くなる人の数（死亡数）が多くなり、人口減少社会となりました。

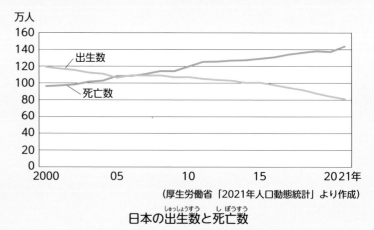

（厚生労働省「2021年人口動態統計」より作成）

日本の出生数と死亡数

少子化が進んで、日本の人口は減っているんだね。

高齢者とは？

高齢者とは何歳からなのでしょうか？　ＷＨＯ（世界保健機関）の定義では、65 歳以上の人のことを高齢者としています。日本では、65 ～ 74 歳までを前期高齢者、75 歳以上を後期高齢者と呼んでいます。

しかし、65 ～ 74 歳は健康で活発に社会活動に参加できる人が多いので、新たに 75 歳以上を高齢者と定義してはどうかという提案が、日本老年学会・日本老年医学会から出されています。

Q2

少子高齢化が進むとどうなる？
すべて選ぼう。

ア 働きざかりの人の人口割合が減少する。

イ 社会を支えるための1人あたりの負担が増える。

ウ 人口が増えて、住む場所が足りなくなる。

高齢者の年金や医療費は、働いている人が負担しているんだよ。

ア 働きざかりの人の人口割合が減少する。

イ 社会を支えるための1人あたりの負担が増える。

　モノやサービスの生産には、働く人の数、労働時間、生産性が大きく関わっています。働く人の人口が減ってしまうと、生産力が下がり、経済力の低下につながります。

　また、日本では、20〜60歳の人が加入し保険料を支払う年金制度（→ p.22）があり、集められたお金は高齢者や保障が必要な人たちに給付されています。高齢化が進むと、保険料を支払う年齢の人1人あたりの負担が大きくなります。1960年の時点では1人の高齢者を生産年齢人口（15〜64歳）11.2人で支えていましたが、2022年には2.0人で支え、このままいけば、2060年には1人を1.4人で支えることになります。

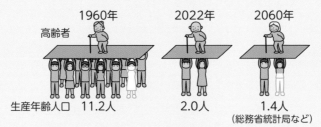

高齢者（65歳以上）1人に対する生産年齢人口（15〜64歳）の人数

支えていた人も、いつか支えられる側になるんだよね。

生産年齢人口って何？

　生産年齢人口とは、国内の生産活動の中心となる年齢層の15歳から64歳の人口のことです。日本の生産年齢人口は、1990年代にピークを迎え、少子高齢化が進むにしたがって減少へと向かっています。いっぽう、14歳以下を年少人口、65歳以上は老年人口（高齢者人口）と呼んでいます。

Q3

日本は超高齢社会（→ p.14）となっているけれど、世界の国々はどうなっているの？

ア 日本だけが超高齢社会になっている。

イ 日本といくつかの先進国が超高齢社会になっている。

ウ 世界のすべての国が超高齢社会になっている。

65歳以上の人の割合が21%を超えると超高齢社会と呼ばれるんだったね。

イ 日本といくつかの先進国が超高齢社会になっている。

2022年時点の日本の高齢化率は29.1％で、世界一となっています。そのほかの国では、ドイツなどがすでに21％を超えて超高齢社会を迎えています。また、イギリス、アメリカ、韓国などで14％を超えて高齢社会になっている状況です。

いっぽうで、イラクなど、西アジアのイスラム教徒の多い国では若い世代の人口が増えていて、25歳未満の人口が50～60％（先進国では30％程度）を占めている国もあります。

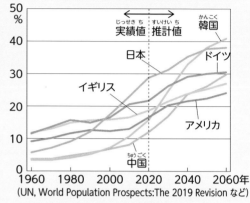

世界の主な国の高齢化率の推移
（UN, World Population Prospects:The 2019 Revision など）

超高齢社会の日本に続く国はたくさんあるんだね。

高齢化問題は世界共通の課題

世界人口推計によれば、1950年の65歳以上の人口比率は5.1％（先進地域7.7％、開発途上地域3.8％）でしたが、2020年には9.3％（先進地域19.3％、開発途上地域7.4％）と、高齢化が進んでいることがわかります。2060年になると、17.8％（先進地域28.2％、開発途上地域16.4％）まで達すると予測されています。高齢化問題は、世界共通の課題となっているのです。

世界の高齢化率の推移
（UN, World Population Prospects:The 2019 Revision など）

高齢化のスピード

日本の高齢化率が7％を超え高齢化社会に入ったのは1970年で、その**わずか24年後の1994年には14％を超え高齢社会**になっています。フランスでは、高齢化社会を迎えたのは1864年で、高齢社会になったのは1990年なので、この間126年もかかっています。

いっぽう、韓国、シンガポール、中国は日本を上回るスピードで高齢化が進行しています。韓国は2000年から2018年の18年間で、シンガポールは2004年から2021年の17年間で高齢社会になりました。中国は2002年から2025年の23年間で達すると推定されています。**世界的に、ハイスピードで高齢化が進んでいます。**

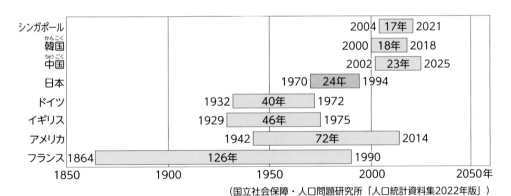

（国立社会保障・人口問題研究所「人口統計資料集2022年版」）

主な国の高齢化率が7％から14％になるのにかかった期間

高齢化社会から高齢社会になるまでの期間から、高齢化のスピードがわかるね！

社会保障と介護保険

社会全体で支え合う「社会保障制度」。
どのような制度があり、
どんなしくみで運営されているのかを見ていきましょう。

人生の「まさか」のピンチも社会保障制度があれば安心

人が生活していくうえで、思いがけないけがをしたり、病気になったりすることがあります。また誰もが年をとれば体力が落ちて、日々の暮らしに不都合が出てくることも。このように自分の力だけで生活を送るのが難しくなったときに安心して暮らすことができるように、社会全体で助けを必要としている人を支えるしくみを、社会保障制度といいます。

社会保障制度の大部分を占めるのが、医療、年金、介護、雇用、労災とさまざまな種類がある**社会保険**です。個人や会社が国や市区町村に納めた社会保険料に税金を加え、助けが必要な人に支給するしくみで、例えば、

「健康（医療）保険」に入っていれば、けがや病気で病院に行っても、実際にかかった治療費のうち原則7割が社会保険で支払われます。

税金のみでまかなわれる社会保障制度もあります。**社会福祉**は体が不自由な人やひとり親家庭といった、生活するうえでハンディキャップのある人を助けるしくみです。

保健医療・公衆衛生は感染症や伝染病などが広まるのを予防し、国民が健康に生活できる環境を整える制度。乳幼児の予防接種が原則無料で受けられるのも、この保健医療があるためです。

このほか、生活に困きゅうしている人の生活を保障する**公的扶助**があります。

社会保険	社会福祉	公的扶助	保険医療・公衆衛生
公的年金保険	保育・児童福祉	生活保護	予防接種・伝染病予防
公的医療保険	母子・寡婦福祉		医療サービス
雇用保険	高齢者福祉		母子保健
労災保険	障害者福祉		公害対策
公的介護保険			下水道整備

▲社会保障制度

現役世代が納めた保険料を高齢者世代が受け取る

　20歳以上60歳未満の国民は、年金保険の基本となる「国民年金（基礎年金）」に加入し、決められた期間、保険料を納めます。

　保険料を納めると、高齢者に給付される「老齢年金」を原則65歳から受給することができます。また、大きなけがや病気をして障害が残ったときには「障害年金」、一家の働き手が亡くなった場合残された家族には「遺族年金」が給付されます。

　自営業者や学生、農林漁業者が加入するのは「国民年金」ですが、会社員や公務員など月給で働く人たちは「厚生年金」にも加入し、年金額が上乗せされます。

介護が必要なお年寄りを地域や社会全体で支える

　介護保険は、かつては家族が行ってきた認知症や寝たきりの高齢者の介護を、地域や社会全体で担うことを目的としています。高齢化や核家族化などの社会の変化に対応して2000年につくられた、社会保険の中では比較的新しい制度です。

　40歳以上の国民が介護保険料を納め、65歳以上になるか、介護保険法によって定められた病気（特定疾病）になり介護が必要と認められた40歳以上の人が、サービスを受ける対象になります。

　介護保険を利用するには、自分が住む市区町村に申請して、介護が必要であると認められること（要介護認定）が条件です。

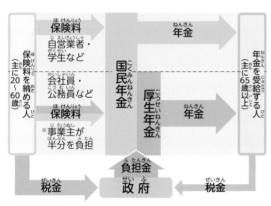

▲年金保険のしくみ

▲介護保険のしくみ

介護保険で受けられるサービスの例

● 通所介護（デイサービス）
高齢者が介護施設等に通い、体操や食事、入浴などの介助をしてもらう日帰りのサービス。自宅から施設までの送迎もある。

● 訪問介護
訪問介護員（ホームヘルパー）が自宅を訪問し、食事やトイレ、入浴などの介助や、そうじや洗濯、買い物などの生活の支援を行う。

● 福祉用具の貸し出し
要介護となった人が自宅で生活を送るのに不便がないように、必要な福祉用具を貸し出し、取り付けや修理などを行う。

● リフォーム
自宅で安全に暮らせるよう、手すりを設置したり、段差をなくしたりするバリアフリー化工事が対象。改修費用に補助金が出る。

2 年をとると 体はどう変わるの？

人間の体は、生まれてからずっと変化し続け、十分「成長」すると、「老化」が始まります。

　生まれてから体の機能が充実して大人になっていく変化を「成長」といいます。十分に成長を遂げたあと、体の機能が低下していく変化を「老化」といいます。白髪やしわが増えたり、老眼になったり、耳が聞こえにくくなったり、足腰が弱くなったりすることも老化の一つです。ほかにも、病気にかかりやすくなる、食欲が落ちる、眠りが浅くなるなどの変化が現れることがあります。

　これは、体を構成している細胞が減少したり、はたらきが低下したりするためで、年をとれば誰にでも起こります。ただし、その程度には個人差があります。また、現在の高齢者は昔に比べるとはるかに元気だといわれています。

周りの人が見ただけではわかりにくい老化もあるんだね。

Q4

年をとると一般的に、
若いころと比べてどうなる？
一つ選ぼう。

ア 腹筋が強くなる。

イ 眠る時間が長くなる。

ウ 歩く速度が遅くなる。

どんなところが変わっていくのかな？

ウ 歩く速度が遅くなる。

高齢になると筋力が低下するので、歩く速度が遅くなったり、歩幅が狭くなったりします。そのほかにも、さまざまな体の機能が低下します。

筋力が弱くなって、歩く速度にも影響するんだね。

サルコペニアとフレイル

高齢者の健康状態を表す言葉として最近注目されているものに、サルコペニア（筋肉量の減少）とフレイル（虚弱状態）があります。サルコペニアは筋肉量が減って、身体機能が低下している状態で、フレイルは体が衰えて体重が減り、病気になりやすくなった状態のことをいいます。

フレイルは介護が必要になる前の段階だともいわれています。高齢になって、筋肉量が減少しサルコペニアになると、活動量が減り、食欲がわかなくなって食事量が減り、栄養が不足した状態になって……というような悪循環に陥ります。

このような状態にならないようにするには、栄養をしっかりとって、散歩や体操などの軽い運動を日常的に続けることが大切です。

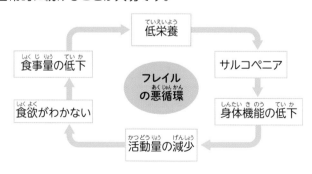

Q5

年をとると聞こえにくくなるのは、どんな音？一つ選ぼう。

ア 高い音。

イ 低い音。

ウ 大きな音。

年をとると、
耳が聞こえにくくなるんだよね。

ア　高い音。

　一般的に聴力の低下は 50 代から始まり、65 歳を超えると聞こえが悪くなったと自覚する人が多くなります。聞こえにくさは病気ではなく、年をとったことで聞こえにくくなった状態で、65 ～ 74 歳で 3 人に 1 人、75 歳以上では約半数の人に症状があるといわれています。一度低下した聴力を回復させることはできませんが、補聴器を使うことで生活に必要な音を聞き取ることができるようになります。

　また、聴力の低下は、体温計の電子音などの高い音から聞こえづらくなっていきます。高齢者に話しかけるときには、低い声でゆっくりはっきりと話すとよいでしょう。

高い音のほうが聞こえにくいって不思議だね。

白内障

　年齢を重ねることによる変化は、目にもやってきます。中でも多いのが、視界がぼやけたり、暗く見えたりする白内障です。

　白内障は、目の中の水晶体（レンズ）がにごってしまうことで起こる病気です。患者はほとんどが 65 歳以上です（厚生労働省の患者調査）。白内障の患者数は年齢を重ねるほど増加し、70 代で 8 割、80 代ではほぼ全員がかかるといわれています。

　白内障は、手術をすれば多くの人がよく見えるようになります。

正常な目

水晶体は透明で光をよく通す。

水晶体
角膜
網膜
虹彩

白内障の目

水晶体がにごって光が通りにくくなる。

Q6

高齢者みんなが経験する
物忘れってどんなもの？
一つ選ぼう。

ア 5分前のことを忘れてしまう。

イ 有名人の名前が思い出せない。

ウ 家にさいふを忘れて出かけてしまう。

物忘れは
誰にでもあるんだって。

29

 有名人の名前が思い出せない。

　高齢者が物忘れをしたときに「年のせいかしら」などと言うことがあります。一般的な物忘れは誰にでも起こり、年をとると多くなります。しかし、一般的な物忘れではなく、認知症の可能性もあります。

　経験したできごとの一部を忘れるのは一般的な物忘れですが、自分の経験したできごとすべてを忘れる、とくに数分前のことを忘れるといった場合は認知症の始まりかもしれません。例えば、「昼ごはんに何を食べた？」という問いに、メニューをくわしく思い出せないなら一般的な物忘れの可能性が高く、昼ごはんを食べたこと自体を忘れているなら認知症の可能性があります。

選択肢「ウ」は忘れ物だね。
忘れ物は、年をとらなくてもやっちゃうよね。

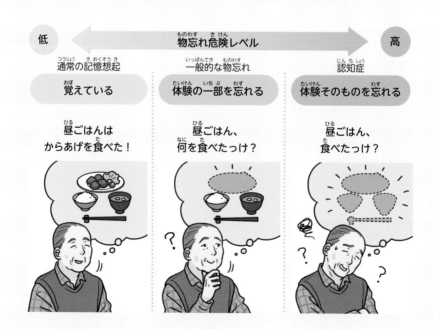

低	← 物忘れ危険レベル →	高
通常の記憶想起	一般的な物忘れ	認知症
覚えている	体験の一部を忘れる	体験そのものを忘れる
昼ごはんはからあげを食べた！	昼ごはん、何を食べたっけ？	昼ごはん、食べたっけ？

Q7

高齢者が亡くなる原因で、いちばん多いのは？

ア がん

イ おたふくかぜ

ウ 交通事故

おたふくかぜは、子どもが
かかりやすい病気じゃないかな？

ア がん

高齢者が亡くなる原因で最も多いのは、がんです。

人の体は約37兆個の細胞からできていて、細胞の一部は毎日新しく生まれ変わっています。細胞の遺伝子に傷が発生することがありますが、健康であれば、免疫の力がはたらいて傷ついた遺伝子をもつ細胞を死滅させてしまいます。しかし免疫がはたらかなくなり、傷ついた遺伝子をもつ細胞がどんどん増えてかたまりになった状態をがんといいます。年をとると、どうしても免疫力が低下するので、がんを発症しやすくなります。

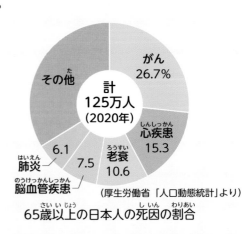

(厚生労働省「人口動態統計」より)
65歳以上の日本人の死因の割合

日本人の3〜4人に1人はがんで亡くなるんだって。

2人に1人はがんにかかる

　日本人の2人に1人は何らかのがんにかかるといわれています。しかし、生活習慣を改善することで、がんの発症を減らせることがわかってきました。

　国立がん研究センターによると、日本人の男性のがんの43.4％、女性のがんの25.3％が不適切な生活習慣や病原菌への感染が原因です。禁煙・節酒・健康的な食生活・適切な身体活動・適正体重の維持の5つの健康習慣をすべて実践すれば、0または1つしか実践しなかった人に比べて、将来がんになる確率は男性で43％、女性で37％低くなるという推計が示されています。

　また、医学の進歩により、治療の質が向上したり選択肢が増えたりして、がん患者の生存率は高まっています。

Q8

高齢者はどのような食事をとるといいの？一つ選ぼう。

ア 野菜だけを食べる。

イ 肉や魚をしっかり食べる。

ウ おもちをたくさん食べる。

おもちはのどにつまりやすいって聞いたよ。

 肉や魚をしっかり食べる。

肉や魚には、筋肉をつくるたんぱく質が多く含まれています。高齢者はたんぱく質が不足すると、筋肉が衰えフレイル（→ p.26）になり免疫力が低下します。

厚生労働省の「日本人の食事摂取基準（2020年版）」によると、高齢者（65歳以上）は体重1kgにつき1日1g以上のたんぱく質をとることが望ましいとされています。つまり、体重が60kgなら、1日に60g以上のたんぱく質が必要だということです。

たんぱく質は、鶏肉40g（通常サイズのからあげ1つ分くらい）で約7g、木綿豆腐1丁（300g）で約21g、納豆1パック（40g）で約7g、卵1個で約6gをとることができます。そのほか、ごはん1膳（150g）にも4gほどが含まれています。野菜や穀類なども合わせてバランスよくとることが大切です。

積極的にたんぱく質をとったほうがいいんだって。

6つの「コ食」

豊かな食生活は、健康的な生活の基本です。ものをよくかんで飲み込むと、唾液が出て口腔内の衛生環境が保たれたり、胃腸の活性化につながったりします。栄養面だけでなく、楽しく食事をすることも大切です。

しかし、最近では6つの「コ食」をしている高齢者が増えています。それは、孤独に一人きりで食事をする【孤食】、家族と同居しているにもかかわらず、別々に食事をとる【個食】、同じものばかりを食べる【固食】、少量しか食べない【小食】、パンや麺など粉からつくられているものばかりを食べる【粉食】、濃い味つけのものを好んで食べる【濃食】です。

このような6つの「コ食」を続けていると、早食いになる、かむ力がなくなる、食欲が低下し栄養不良になる、正常な味覚が失われる、といった悪影響があるので、注意が必要です。

誰にでもやってくる老化

　年をとって体の機能が低下する「老化」は、誰にでもやってきます。目が見えにくくなったり、新しいことが覚えられなくなったり、耳が聞こえにくくなったり、筋力が低下したりします。

　20歳前後で体力や記憶力が充実し、そこをピークとして少しずつ体や脳の機能が衰え始め、40歳くらいで老化を自覚するようになります。そして、70歳前後になるとほかの人からも老化がわかるようになります。

　しかし、同じ年でも「若く」見える人と、「老けて」見える人がいるように、**老化のスピードには個人差**があります。栄養バランスのとれた食生活、軽い運動習慣、社会との関わりにより老化スピードを遅くすることが可能です。

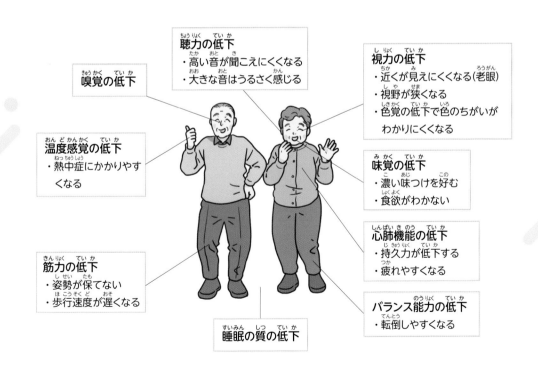

聴力の低下
・高い音が聞こえにくくなる
・大きな音はうるさく感じる

視力の低下
・近くが見えにくくなる(老眼)
・視野が狭くなる
・色覚の低下で色のちがいがわかりにくくなる

嗅覚の低下

温度感覚の低下
・熱中症にかかりやすくなる

味覚の低下
・濃い味つけを好む
・食欲がわかない

心肺機能の低下
・持久力が低下する
・疲れやすくなる

筋力の低下
・姿勢が保てない
・歩行速度が遅くなる

バランス能力の低下
・転倒しやすくなる

睡眠の質の低下

3 高齢者はどんな
暮らしをしているの？

高齢者は、どんな暮らしをしているのでしょう。
一人暮らしの高齢者もたくさんいます。

高齢者の毎日の暮らしは、私たちと大きなちがいはありません。食事をしたり、眠ったりするほかに、仕事や家事、買い物をしたり、趣味やお付きあいを楽しんだりして過ごしています。

2021年版「高齢社会白書」によれば、70歳以上でも47.5％の人が働いているか、ボランティア活動、地域社会活動（町内会、地域行事など）、趣味やおけいこ事を行っています。

自立した暮らしをしている高齢者もいますが、周りの人の助けを借りて生活を送っている高齢者もいます。

私のおばあちゃんは、フラダンスを習っているよ。

Q9

日本の65歳以上の高齢者のうち、一人暮らしの人はどれくらいいるの？

ア 約5人に1人。

イ 約10人に1人。

ウ 約20人に1人。

一人暮らしの高齢者は増えているんだって。

ア　約5人に1人。

2021年の国民生活基礎調査によれば、65歳以上の人口は約3800万人で、そのうち一人暮らしの人は約740万人です。約5人に1人が一人暮らしということになります。

かつては子ども、親、祖父母の3世代がいっしょに暮らす大家族が多かったのですが、今は夫婦だけ、親と未婚の子どもだけで構成される「核家族」が多くなりました。

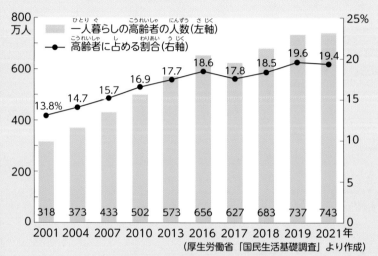

一人暮らしの高齢者の数の推移

（厚生労働省「国民生活基礎調査」より作成）

家族構成が変化しているんだね。

〔 高齢者の暮らしを支えるしくみ 〕

住み慣れた地域で、最期までその人らしく暮らし続けられるように、住まい・医療・介護・介護予防・生活支援を一体的に提供する「地域包括ケアシステム」を厚生労働省が進めています。これは、医療、生活支援などのサービスを行政機関と地域が一体となって行い、高齢者をはじめ、障害のある人や病弱な人の暮らしをサポートするしくみです。

宅配業者や配食業者が、配達を行う際に高齢者に手渡しをして、高齢者の生活を見守るという取り組みがあります。町内会や老人会をはじめとして、宅配業者などの企業も協力して、高齢者の暮らしを支えているのです。

Q10

高齢者と家族を支える
ケアマネジャーって、どんな仕事？
一つ選ぼう。

ア 高齢者の食事や入浴の手助けをする。

イ 介護サービスを受けられるように調整を行う。

ウ 高齢者にやさしい地域づくりをする。

上のマンガがヒントだよ。

39

イ 介護サービスを受けられるように調整を行う。

　ケアマネジャーの正式名称は「介護支援専門員」。市区町村の依頼を受けて、介護を必要とする人やその家族からの相談にのります。そして、介護を必要とする人の状況に応じて、最適な介護サービスが受けられるように、ケアプラン（介護サービス計画書）を作成し、介護事業所や市区町村と調整する仕事をします。

　ケアプランは、介護保険で利用できるサービスのうち、どんな種類のものをどのように組み合わせて利用するか、本人や家族と相談しながらつくり上げる計画書です。

　アは介護福祉士の仕事です。ウには公務員、建築家、まちづくりコーディネーター、都市デザイナー、NPO 法人などが携わっています。

介護サービス

　40 歳以上の国民は介護保険（→ p.22）に加入して介護保険料を納めます。介護が必要になった際には、納めた保険料や税金をもとにして、原則 1 割の負担で介護サービスを受けることができます。

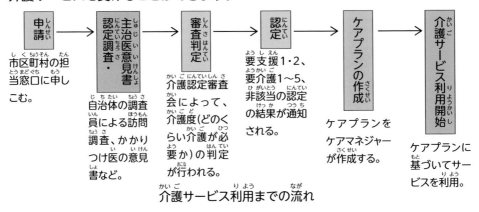

介護サービス利用までの流れ

Q11

筋力が低下した高齢者でも
使いやすいはさみはどれ？
一つ選ぼう。

（提供：日本利器工業）

ア 一般的なはさみ。

（提供：日本利器工業）

イ 上から押さえるだけ
でも使えるはさみ。

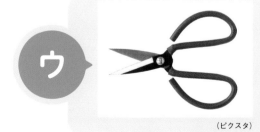
（ピクスタ）

ウ 花(枝)切りばさみ。

右利きでも、左利きでも、
力が弱い人でも使えるんだって。

上から押さえるだけでも使えるはさみ。

　このはさみは、ハンドルが一体化した円形スプリングを採用しているので、ハンドルを握っても使えるし、上から押さえるだけでも使えます。力の弱い高齢者などでも使えるユニバーサルデザインです。

　ユニバーサルデザインは、年齢や性別、使う言語、障害のあるなしなどにかかわらず、すべての人が利用しやすい都市設計や住環境、道具などをデザインする考え方です。似た考え方に、バリアフリーがあります。バリアフリーは、高齢者や障害のある人が社会生活を送るうえでの障壁（バリア）を取り除くという考え方です。

ユニバーサルデザインあれこれ

公共施設や日常生活で使う製品の中には、数多くのユニバーサルデザインがあります。

(photo AC)

日本語のわからない人にも情報が伝わるピクトグラムによる表示。

(photo AC)

握力の弱い高齢者や子どもも、手を差し出すだけで水が出るタッチレス水栓。

(photo AC)

操作面が広く、誰にでも使いやすい電気スイッチ。

(提供：花王)

触ってわかる、ギザギザが刻まれたシャンプーボトル。

家庭内のバリアフリー化は少しずつ

人は年をとると筋力が落ちて、つま先がしっかり上がらずにつまずくことも増え、転んでけがをすることも多くなります。東京消防庁によると、**救急搬送される高齢者の事故の中で最も多いのが転倒事故**で、2019年には東京消防庁管内で約6万人が転倒事故で救急搬送されました。けがをして自由に動けなくなると、余計に筋肉が衰え、自分では動くことが難しくなり、介護が必要な状態になってしまうことも少なくありません。下のグラフを見ると、介護が必要になった原因の13%が骨折・転倒です。

転倒による事故防止のために、家の中の段差をなくすなどのバリアフリーリフォームがすすめられています。しかし、いずれ必要になるからとバリアフリー化を早く進めてしまうと、段差がないことなどに慣れてしまい、外出時にかえってつまずくこともあるので注意が必要です。また、日常生活に負荷があれば、自然と筋肉を鍛えることもできますが、バリアのない住居で生活することで、筋力が落ちてしまうこともあります。**日常の生活の中で自然と筋肉を鍛えることが大切**です。住まいのバリアフリー化は、早めにすればよいということではなく、必要に応じて少しずつ進めていくとよいでしょう。

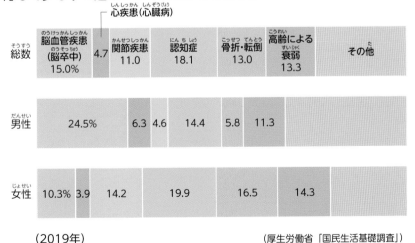

（2019年）　　　　　　　　　　（厚生労働省「国民生活基礎調査」）

65歳以上の要介護者等の介護が必要となった主な原因

小学生の約15人に1人
「ヤングケアラー」ってどんな人？

ヤングケアラーたちが世話をするのは、重い病気や障害のあるきょうだいや親、祖父母、親族などです。
ケアする内容は、下のイラストのように幅広いものとなっています。

お話ししてくれた人

森山 千賀子先生

白梅学園大学子ども学部
家族・地域支援学科教授

ヤングケアラーの実態調査は始まったばかり

ケアが必要な家族がいる家庭の中で、本来は大人がするようなケアの責任を引き受けている18歳未満の子どもを「ヤングケアラー」といいます。

2020年度の文部科学省などの調査では、「世話をしている家族がいる」と答えたのは中学生の約17人に1人、高校生（全日制）の約24人に1人。2021年度には小学生を対象とした調査が行われ、小学生の約15人に1人がヤングケアラーだとわかりました。

ケアをする相手は、病気や障害のあるきょうだいや親、祖父母、親族など。内容は看病や介助だけでなく、料理や洗たくなどの家事、通訳なども含まれます。

＼ ヤングケアラーはこんな子ども① ／

障害や病気のある家族に代わり、買い物・料理・洗たくなどの家事をしている。

家族に代わり、幼いきょうだいの世話をしている。

障害や病気のあるきょうだいの世話や見守りをしている。

目を離せない家族の見守りや声かけなどの気づかいをしている。

日本語が第一言語でない家族や、聴覚に障害のある家族のために通訳をしている。

元ヤングケアラー神谷尚樹さん（25歳）のお話

祖母を小学4年から大学4年まで介護しました。祖母の足の骨の骨折がきっかけです。父子家庭で、父と姉は仕事で忙しく、家にいられる時間が短かったので、私が介護することになりました。

朝ごはんや夕ごはんを準備したり、病院に行くのに付き添ったり、祖母が認知症になってからはさらに他の世話や薬の管理もしたりと、介護中心の生活でした。学校に遅刻したり、アルバイトができなくて自由に使えるお金が少なかったり、部活動に出られなかったりしたことが大変でした。

学校の先生や友だちには、介護のことを話して、協力してもらっていました。悩みを聞いてくれたり、放課後に受験勉強を手伝ってくれたりして、ありがたかったです。ホームヘルパーやケアマネジャーの人たちにも、いろいろと助けてもらいました。

今、私は、「一般社団法人ケアラーパートナー木の根っこ」に所属し、ヤングケアラーの"居場所"づくりに取り組んでいます。自分の経験をいかして、困っているヤングケアラーを支援したいです。

誰もがなる可能性があります

ヤングケアラーは、勉強したり、友だちと遊んだり、部活動に励んだりする時間を取ることができずに、家族のケアに時間を費やしていることが少なくありません。ほぼ毎日家族の世話をしていると答えたヤングケアラーもいて、それが普通だと思っている子どももいます。

家族の世話をする必要のない子どもに比べると、ヤングケアラーはさまざまな問題を抱えています。授業中に寝てしまったり、遅刻・欠席が多かったり、忘れ物をすることが増えたりして学校への影響も心配されるヤングケアラーは、胸に抱える悩みも多いそうです。

「自分の自由な時間が取れない」「勉強する時間がない」「いつも眠い」「家族のことを誰にも話せず、孤独を感じる」「相談する人がいない」など深刻なものばかりです。

核家族（→ p.38）が増え、地域とのつながりが薄れてきています。家族の誰かが体調を崩したときに、ケアをする人が他にいない場合など、誰もがヤングケアラーになる可能性があるのです。

＼ヤングケアラーはこんな子ども②／

家計を支えるために労働をして、障害や病気のある家族を助けている。

アルコール・薬物・ギャンブル問題を抱える家族に対応している。

がん・難病・精神疾患など、慢性的な病気の家族の看病をしている。

障害や病気のある家族の身の回りの世話をしている。

障害や病気のある家族の入浴やトイレの介助をしている。

さくいん

語句の出てきた巻を❶❷❸で示しています。

- **■編集協力**
  有限会社オフィス朔（松本紀子、吉田香、大熊文子）、
  弘中ミエ子、石川哲也

- **■デザイン**
  株式会社ダイアートプランニング（石野春加、今泉明香）

- **■表紙イラスト・挿絵**
  かわいちひろ

- **■巻頭マンガ**
  日生マユ

- **■クイズマンガ・キャラクター**
  矢部太郎

- **■カットイラスト**
  にしださとこ、絵仕事界屋

- **■図版**
  株式会社アート工房

- **■取材協力**
  森山千賀子

- **■写真**
  出典は写真そばに記載。

- **■DTP**
  株式会社四国写研

- **■企画編集**
  近藤想、髙橋桃子

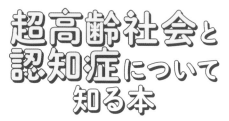

NDC367　監修 長田乾

超高齢社会と認知症について知る本
❶　超高齢社会って何？

Gakken　2023　48P　26.5cm
ISBN 978-4-05-501394-9　C8036
特別堅牢製本図書

超高齢社会と認知症について知る本
❶　超高齢社会って何？

2023年2月21日　初版第1刷発行

監修	長田乾
発行人	土屋徹
編集人	代田雪絵
編集担当	近藤想、髙橋桃子、澄田典子
発行所	株式会社Gakken
	〒141-8416
	東京都品川区西五反田2-11-8
印刷所	凸版印刷株式会社

●この本に関する各種お問い合わせ先
・本の内容については、
　下記サイトのお問い合わせフォームよりお願いします。
　https://www.corp-gakken.co.jp/contact/
・在庫については　Tel 03-6431-1197（販売部）
・不良品（落丁、乱丁）については
　Tel 0570-000577
　学研業務センター
　〒354-0045 埼玉県入間郡三芳町上富279-1
・上記以外のお問い合わせは
　Tel 0570-056-710（学研グループ総合案内）

学研グループの書籍・雑誌についての新刊情報・詳細情報は、下
記をご覧ください。
学研出版サイト　https://hon.gakken.jp/